남북한
어린이
말모이

일러두기

1. 겨레말큰사전남북공동편찬사업회에서 펴낸『한눈에 들어오는 남북 생활 용어 2』와 북한의 문화어 사전인『조선말대사전』을 기초 자료로 하여 어린이의 눈높이에 맞는 북한 말을 선정하였습니다.

2. 북한 말의 뜻풀이는『표준국어대사전』과『조선말대사전』의 내용을 바탕으로 제시하였고, 사전에 수록되지 않은 북한 말은 겨레말큰사전남북공동편찬사업회에서 펴낸『한눈에 들어오는 남북 생활 용어 2』와『한눈에 들어오는 남북 어휘 의미 · 용법』을 바탕으로 그 뜻을 제시하였습니다.

3. 북한 말의 표기는『조선말대사전』을 따랐고, 남한 말의 표기는『표준국어대사전』을 따랐습니다.

기획·감수 겨레말큰사전남북공동편찬사업회

남북한
어린이
말모이

글 정도상·장효진
그림 허지영

창비

어린이 여러분, 안녕하세요.

저는 평양과 개성, 금강산 등지를 아주 많이 다녀온 소설가입니다. 남북 공동의 통합 국어사전인 『겨레말큰사전』을 만들기 위해 북한을 자주 다녔습니다. 동해에서 배를 타고 금강산을 다니기도 했고, 인천 공항에서 전세 비행기로 평양을, 또 중국 북경과 심양에서 고려 항공을 타고 평양을 다녀오기도 했습니다. 나중에는 제 차를 몰고 개성과 금강산을 다녔지요. 그 정도로 북한을 많이 다녔습니다.

북한을 다닐 때 거리에서 북한 어린이들을 자주 만났습니다. 반갑다고 손을 흔들면 북한 어린이들은 쑥스러워하면서도 손을 흔들어 주었습니다. 그 모습이 참 예뻤습니다. 문득 그런 생각이 들었습니다. 남북한의 어린이들이 서로 친한 벗이 되는 것, 그것이 바로 통일이 아닐까 하고요. 남북한의 어린이들은 모두 세종대왕이 창조한 한글을 사용하고 있으며 수천 년 동안 어머니와

어머니로부터 이어져 온 민족의 말을 사용하고 있습니다. 서로 만나면 통하지 않을 것이 없겠습니다만, 사용하고 있는 낱말이나 풍습이 약간씩 다른 것도 사실입니다.

'다른' 것이 '틀린' 것은 아닙니다. 남한과 북한은 근본에서는 같으나 조금씩 다른 게 있습니다. 그것을 인정하고 앞으로 나아가야 비로소 평화가 오고 통일이 따라올 것입니다. 평화와 통일은 서로 떨어져 있는 것이 아니라 동전의 양면 같은 것입니다.

우리는 어린이들이 한반도의 평화를 이루고, 또 통일 시대의 진정한 주인공이 되기를 바라는 마음으로 이 책을 썼습니다. 전체적으로 북한 어린이들의 학교생활이나 일상생활에 관련된 어휘를 위주로 살피되 초등학교 교과 과정에서 다루는 북한 말과 북한의 소학교 교과서에 수록된 낱말 중에서 어린이들이 평소 궁금해하는 북한 말을 중심으로 표제어를 선정하였습니다. 또한 함경도나 평안도 지방의 고유한 말이었으나 분단 이후 남한에서

는 잘 쓰이지 않는 우리말을 찾아 살피기도 했습니다.

각 부에서 소개하는 북한 말은 학년별 눈높이를 고려해 분류했습니다. 1부에서는 1~2학년 어린이들의 눈높이를 고려해 우리의 초등학교에 해당하는 북한의 소학교 생활과 관련된 말을 주로 다루었고, 2부에서는 3~4학년 어린이들의 눈높이를 고려해 시험 점수, 놀이공원, 간식 등과 관련된 말로 북한 어린이들의 일상생활을 살펴보았습니다. 3부에서는 5~6학년 어린이들이 읽기에 알맞게 음악, 자연 등 과목별 수업과 관련된 말과 체육 용어나 속담 등을 살펴보았습니다.

이 책을 재미있게 읽는 것만으로도 여러분이 북한 어린이들과 가까워질 수 있기를 바라는 마음을 담아 각 부의 제목도 조금 다른 방식으로 지었습니다. 1부의 '깨꼬해요'는 남북한의 어린이가 만나 반갑게 인사하는 장면을 상상하며 붙인 제목이고, 2부의 '별찌 떨어진 곳'은 북한을 자유롭게 여행하고 싶은 마음

을 담은 제목입니다. 별똥별이 떨어진 곳은 언제나 궁금하잖아
요. 3부 제목 '따로 또 같이'에는 지금은 떨어져 있는 남과 북이
언젠가는 함께할 것이라는 염원을 담았습니다. 각 부에 등장하
는 동물 주인공인 금개구리, 크낙새, 풍산개도 눈여겨봐 주세요.
지금은 우리 주변에서 흔히 볼 수 없기에 이들이 낯설 수 있지
만, 사실 이 동물들은 예전부터 우리와 함께 한반도에서 살아왔
답니다.

어린이 여러분, 여러분은 미래 한반도의 주인공입니다. 미래
한반도는 남북의 어린이 여러분이 만들어 가는 꿈의 터전입니
다. 미래 한반도의 주인이 될 남과 북의 친구들이 어서 빨리 만
나기를 기원하면서, 그 만남에 이 책이 도움이 되기를 소망해 봅
니다. 감사합니다.

집필자를 대표해 정도상 올림.

차례

말모이 둘.
별찌 떨어진 곳

2

말모이 셋.
따로
또 같이

1

말모이 하나.
깨꼬해요

새 학년 개막일! 나도야 학생

★ 새 학년 개막일
★ 입학일

　북한 어린이는 일 년 동안 유치원을 다닌 후 일곱 살이 되는 해에 남한의 초등학교에 해당하는 '소학교'에 입학해요. 입학식은 4월 1일에 하는데, 이날을 '새 학년 개막일'이라고 불러요. 초등학교는 보통 3월 초에 새 학기를 시작하는데 북한의 소학교는 4월 1일이 시작이니 소학교가 우리보다 한 달 늦게 시작하는 셈이지요.

　소학교는 5학년까지 있어요. 또 입학할 때 만난 담임 선생님과 졸업할 때까지 함께 생활한대요.

동무들 안녕, 같이 가자요

② 인사말은 누구에게 어떻게
하는가 알아보자요.

❖ 그림을 보며 누구에게 인사하는가
알아보자요.

동무, 안녕!

⭐ 동무
🍬 친구

'동무'는 예부터 친한 벗을 가리킬 때 써 온 우리말이에요. 하지만 요즘은 '친구'라는 말을 훨씬 더 많이 쓰지요. 북한에서는 친구보다는 '동무'라는 말을 즐겨 써요. 학교나 직장 등 여러 사람이 모인 장소에서 누군가를 부를 때도 이름 뒤에 동무라는 호칭을 붙여요. 특히 나이가 비슷한 사이끼리 서로를 동무라고 부른답니다. 또 윗사람을 부를 때 '○○ 동지'라고 합니다. 우리의 '○○ 님'과 비슷한 말입니다.

안녕!

딱친구와 함께 학교 가요

북 딱친구
남 단짝

학교에 갈 때도, 공부를 할 때도, 놀 때도 늘 내 곁에 있는 친구를 우리는 단짝이나 짝꿍이라고 불러요. 북한에서는 단짝을 '딱친구'라고 부르지요. 내 마음을 딱 알아주는 친구라는 뜻 아닐까요?

북한 어린이들에게도 친구는 아주 소중한 존재예요. 소년단 활동, 조별 과제 등 친구와 함께하는 시간이 많아요. 학교에 갈 때도 친구들과 시간 맞춰 모인 다음 다 같이 가요. 늦는 친구가 있다면 당연히 기다려야 하죠. 마을마다 예닐곱 명씩 무리를 지어 등교를 하고, 학교에 들어가기 전에는 학급별로 다시 모여 반 전체가 함께 교문을 들어선답니다.

시간 놀이 하자, 돌가위보!

돌가위보!
술래를
정해요.

둥그렇게 둘러서면
술래가 가운데
앉아요.

토끼야, 토끼야
무얼 하니?

낮잠 잔다.

토끼야, 토끼야
새참 시간이다. 깨어나라!

잘 잤다.

토끼야, 토끼야
몇 시니?

두
시!

술래가 말한
시간에 맞게
짝을 지어요.

짝이 되지 못하고 남은 친구가 술래가 되거나 벌칙을 받지요.
벌칙으로는 노래 부르기나 간단한 장기 자랑을 시켜요.

　북한 친구들은 무슨 놀이를 하고 놀까요? 북한에는 예부터 전해 내려오는 민속놀이가 여전히 많이 남아 있다고 해요. 숨바꼭질과 꼭 같은 '아바이 놀이', 눈을 가리고 술래잡기하는 '까막눈 잡기', 한쪽 다리를 잡고 외다리로 뛰면서 상대를 넘어뜨리는 '무릎싸움'을 많이 하지요. 북한에서는 닭싸움을 무릎싸움이라고 한대요. 그 가운데 북한의 유치원 어린이들이 가장 좋아하는 놀이는 '시간 놀이'랍니다.

　어떤 놀이든 술래를 정하려면 꼭 해야 하는 것이 무엇일까요? 바로 가위바위보예요. 북한에서는 가위바위보라는 말 대신 '돌가위보'나 '가위주먹'이라는 말을 써요. 또 술래는 '범'이라고 부른답니다.

셋 덜기 하나는?

정답 맞혔나요? 북한에서는 '빼기'를 '덜기'라고 해요. 그걸 알면 어렵지 않지요? 북한에서도 수학은 매우 중요한 과목이랍니다. 하지만 수학이 어렵기는 남북한 어린이 모두 마찬가지일 거예요. 북한에서는 계산을 '쩸'이라고 한대요. 머리 아픈 계산이 달콤한 잼처럼 좋아질 것 같지 않나요? 쩸에 필요한 부호들을 북한에서는 어떻게 부르는지 같이 살펴봐요.

+	−
더하기표	덜기표
=	<, >
같기표	안같기기호

나를 반겨 깨꼬해요

깨꼬해요

토끼 가방 달랑 메고, 덩실덩실 집에 와요.
강아지도 마중 나와, 나를 반겨 깨꼬해요.

앞가슴에 꽃불 번져, 노래 랄라 부르면요,
앞마당에 병아리도, 나를 보며 깨꼬해요.

해님 품에 방실 피는, ○○○이 곱다고요.
해바라기 싱글벙글, 담장 너머 깨꼬해요.

랄라라 랄라 멍멍멍, 랄라라 랄라 삐약삐약삐약
나를 반겨 깨꼬해요, 깨꼬!

깨꼬~   까꿍~

★북 깨꼬하다
★합 까꿍하다

「깨꼬해요」는 북한 어린이들이 즐겨 부르는 대표적인 북한 동요입니다. '깨꼬'는 '까꿍'이라는 뜻이에요. '○○○'에는 자기 이름을 넣어 부르기도 한다고 해요. 강아지도, 병아리도, 주인공과 반갑게 인사하는 장면이 신나고 사랑스럽습니다.

남한과 북한에서 모두 즐겨 부르는 동요도 있어요. 은하수에 떠 있는 반달을 '하얀 쪽배'에 비유한 가사, 친구와 손뼉치기를 하며 부르기도 하는 동요, 바로 「반달」입니다. 「반달」, 「고향의 봄」 등은 남북 어린이들이 모두 즐겨 부르는 동요랍니다.

꿀비가 내려요

래일은 가뭄 현상을 해소해 줄 꿀비가 내리갔습네다.

북 꿀비
남 단비

　가뭄으로 땅이 메말라 있을 때 '래일' 비가 온다는 일기 예보를 들으면 참 반가울 거예요. 꼭 필요한 때 알맞게 내리는 비를 우리는 단비라고 하는데, 북한에서는 '꿀비'라고 해요. '래일'은 '내일'의 북한 말이고요. 이처럼 날씨를 표현하는 말 가운데 남한과 북한이 다르게 쓰는 말이 더 있어요.

　화창한 맑은 날, 갑자기 비가 내리다 금방 그칠 때가 있지요? 이런 비를 여우비라고 하는데, 북한에서는 '해비'라고 해요. 그칠 것 같지 않게 쏟아지는 비는 '뚝비'라고 하고요. 또 빗방울은 '비꼬치', 눈송이는 '눈꼬치'라고 부른대요.

더울 땐 에스키모지!

에스키모
아이스크림

북한에서는 아이스크림을 '에스키모'라고 합니다. 글에서는 '얼음보숭이'라는 말을 쓰기도 하지만 일상생활에서는 널리 쓰이지 않는다고 해요. 대신 인기 아이스크림 상품 가운데 하나였던 '에스키모'가 얼음과자를 대표하는 말이 되었다고 합니다. 물론 우리처럼 아이스크림이라는 말을 쓰기도 하고요. 다만 아이스크림은 주로 부드러운 콘 같은 것을 가리킬 때 쓰고, 하드처럼 단단한 것은 주로 에스키모라고 부른다고 해요.

땅의 꽃, 따꽃

나는 이름이 많아.
채송화, 따꽃, 대명화,
진시화….

난 북한의 국화인
'목란'이야.

나는 제비꽃인데,
씨름꽃이라고도 해.

따꽃은 채송화를 이르는 다른 말이에요. 채송화는 따꽃 말고 다른 이름도 많답니다. 대명화, 댕명화, 진시화, 하루살이꽃 등이 모두 채송화를 부르는 이름이에요. 하지만 우리에게는 채송화라는 이름이 가장 친숙하지요.

북한에서는 채송화를 주로 따꽃이라 불러요. 땅에 바짝 붙어서 옹기종기 피어 있는 꽃의 모습이 머릿속에 더욱 잘 그려지는 것 같아요. 같은 꽃이지만 남한과 북한에서 이렇게 이름만 다르게 불리우는 꽃이 있어요. 북한에서 제비꽃은 '씨름꽃', 함박꽃은 '목란꽃'이라 불리지요. 목란꽃은 북한의 국화이기도 해요.

매미와 개미

　이솝 우화 「개미와 베짱이」는 북한에서도 모르는 사람이 없어요. 소학교 교과서에 이 이야기가 실려 있거든요. 그런데 제목은 조금 다르답니다. '개미와 베짱이'가 아니라 '매미와 개미'거든요. 같은 이야기지만 주인공으로 베짱이 대신 매미가 등장한다고 해요.

　매미는 여름과 가을 내내 손풍금과 기타를 치며 노래를 부르고, 개미는 여름과 가을 내내 땀을 흘리며 양식을 모아요. 겨울이 다가오자, 노래를 부르던 매미는 바가지를 들고 개미의 집으로 쌀을 꾸러 가지만 개미는 도와주지 않아요. 결국 매미는 얼어 죽고 말지요.

암닭이 닭알을 낳았어요

남: 암탉   북: 암닭

남: 수탉   북: 수닭

남: 계란   북: 닭알

북 닭알
남 계란

북한에서는 계란 혹은 달걀을 '닭알'이라 불러요. 닭이 낳은 알이니까, 닭알! 참 이해하기 쉬운 이름이죠? 닭의 암수를 구분해 쓸 때에도 우리와는 표기가 조금 다르답니다. 암탉은 '암닭', 수탉은 '수닭'이라고 써요.

그럼 계란으로 만드는 음식 이름은 어떨까요? 계란찜은 '닭알두부'나 '닭알공기찜', 계란덮밥은 '닭알쌈밥', 계란말이는 '닭알말이'라 부른대요. 그럼 삶은 계란은 무엇이라 부를까요? '돌알'이라고 한답니다. 단단하게 삶긴 계란에 잘 어울리는 이름입니다.

가락지빵은 열 개도 먹을 수 있어

설기빵 •

가락지빵 •

구운빵지짐 •

고기겹빵 •

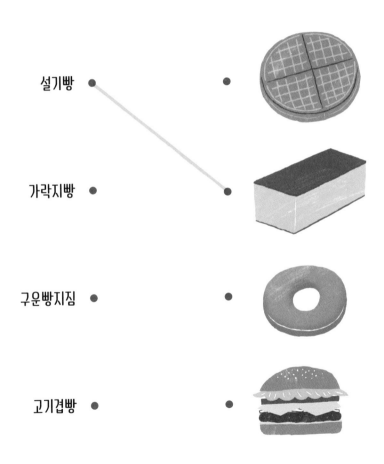

가락지빵
답 도넛

　카스텔라, 도넛, 와플, 햄버거를 북한에서는 차례로 '설기빵', '가락지빵', '구운빵지짐', '고기겹빵'이라고 부릅니다. 물론 '햄버거'라고 외래어를 쓰기도 하고요. 하지만 대부분은 한자어나 외래어를 쓰는 대신 되도록 우리말로 고쳐 부르려 한다는 것을 알 수 있어요.

　북한에도 외래어가 없는 것은 아니에요. 그룹은 '그루빠', 볼펜은 '원주필'이라고 하는데, 러시아어나 중국어의 영향을 받은 외래어들이지요. 최근에는 '와플'이라는 말도 쓰고, 피자를 '삐짜'로 부르기도 한답니다.

임금님 귀는 하늘소 귀

옛날 신라 시대에 당나귀 귀처럼 귀가 긴 왕이 살았대요.

그런데 그 사실을 아는 건 왕관을 만드는 사람뿐이었답니다.

평생 임금님의 비밀을 지키던 그 사람은,

죽기 전에 남몰래 대나무 숲에다 대고 외쳤습니다.

"임금님 귀는 당나귀 귀!"

임금님 귀는
하늘소 귀

만약 왕관을 만드는 사람이 북한 사람이었다면 이렇게 외쳤을 거예요.

"임금님 귀는 하늘소 귀!"

'하늘소'는 당나귀를 가리키는 북한 말이거든요. 같은 동물인데 남한과 북한에서 부르는 이름이 다른 경우를 그림으로 더 알아볼까요?

| ·북 참대곰 | ·북 게사니 | ·북 물말 | ·북 서우 |
| ·남 판다 | ·남 거위 | ·남 하마 | ·남 코뿔소 |

어흥, 아니고 따웅!

★ 真 따웅
☆ 남 어흥

"따웅!" 하고 엄마를 겁주는 이 동물은 무엇일까요? 바로 호랑이예요. 북한에서는 호랑이가 사납게 우는 소리를 '어흥'이 아니라 '따웅'으로 표현하거든요. 엄마는 어떻게 되었을까요?

엄마는 **아글타글** 도망쳤어요. 이마에서 땀이 **바질바질** 솟았답니다. 허리에서 방울이 **왈랑절랑** 요란하게 흔들렸어요. 호랑이는 **씨엉씨엉** 엄마를 쫓아갔어요. 그 모습이 정말 **와디디했어요!**

무슨 뜻인지 알 듯 말 듯 하지요? 뜻풀이를 같이 볼까요?

· 아글타글 몹시 애쓰거나 기를 쓰고 달라붙는 모양
· 바질바질 덥거나 일이 뜻대로 되지 않아 땀이 자꾸 나는 모양
· 왈랑절랑 방울 따위가 요란스럽게 울리는 소리
· 씨엉씨엉 걸음걸이나 행동이 기운차고 활기 있는 모습
· 와디디하다 몹시 크거나 요란스럽다.

새해를 축하합니다

우 편 엽 서

새해를 축하합니다!

할머니, 할아버지께

희망의 새해를 맞으며
할머니, 할아버지께
새해 인사를 보냅니다.

받을 사람 주소

이 름

보내는 사람 주소

이 름

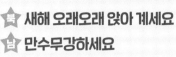

북 새해 오래오래 앉아 계세요
남 만수무강하세요

"새해 복 많이 받으세요!"

새해가 되면 우리는 이런 인사를 서로 주고받곤 해요. 그런데 북한에서는 이 말 대신 "새해를 축하합니다."라는 말을 더 많이 씁니다.

또 이런 인사말도 있어요.

"새해 오래오래 앉아 계세요."

오래 앉아 계시라니, 무슨 말일까요? 아픈 사람은 누워 있고 건강한 사람은 앉아 있으니, 오래 앉아 있으라는 건 오래 건강하라는 뜻이지요. 보통 나이가 어린 사람이 웃어른에게 인사할 때 이렇게 덕담을 한다고 해요.

2

말모이 둘.
별찌 떨어진 곳

소년궁전에는 왕이 살고 있을까?

　궁전은 왕이 살며 나랏일을 보는 곳이에요. 그런데 '학생소년
궁전'에는 왕이 없어요. 대신 북한 어린이들이 이곳에 모여 방과
후 활동과 비슷한 '소조활동'을 하지요. 북한에서는 어린이들을
왕처럼 섬기겠다는 뜻으로 이 공간에 '궁전'이라는 이름을 붙였
다고 해요. 소년궁전은 도시마다 하나씩 있어요. 선생님의 추천
을 받아 선발된 뛰어난 학생들만 갈 수 있는 곳이라서 모두가 가
고 싶어 하지요.

　북한의 소조활동은 우리의 방과 후 활동이나 동아리 활동과
비슷한데 훨씬 더 전문적이에요. 소년궁전에는 예체능 활동 소
조실, 정보 통신 소조실, 수학 과학 소조실 등이 있어요. 북한 친
구들은 이곳에서 악기 연주, 발레, 자수, 그림, 붓글씨 등을 배우
며 자신의 재능을 기릅니다.

5점꽃 자랑

5점꽃 자랑

국어도 수학도
모두 다 5점
5점꽃 자랑 넘친
성적증에
래일의 박사가 될
내 모습이 보인대요.

－『국어 소학교 1』에서

북 5점
남 만점

북한 어린이들도 시험을 보고 성적표를 받겠죠? 북한에서는 성적표를 '성적증'이라고 불러요. 성적증에는 최우등(5점), 우등(4점), 보통(3점), '락제'(2점)로 성적이 표시된대요. 전 과목에서 5점을 받으면 최우등생, 4점이 있으면 우등생, 3점이 있으면 보통생, 2점이 한 과목이라도 있으면 '락제생'이 된답니다. 락제생은 낙제생의 북한 말이에요. 성적증에 '5점'이 가득 적혀 있으면, '5점꽃'이라고 표현해요.

꽝포쟁이 남작의 모험

　『허풍선이 남작의 모험』이라는 책을 혹시 읽어 본 적 있나요? 이 책은 18세기에 쓰여진 유명한 독일 소설이에요. 이 소설의 주인공 뮌히하우젠 남작은 자신이 대포알을 타고 적진으로 들어갔다가 적의 대포알을 타고 돌아오기도 하고, 화산 속으로 들어가 불과 대장장이의 신 불카누스를 만나기도 했다고 말해요. 어디까지가 진실이고 어디까지가 허풍인지는 알 수 없지만 무척 재미있고 흥미진진한 이야기라는 것만은 틀림없답니다.

　뮌히하우젠 남작처럼 지나치게 허풍을 떠는 사람을 우리는 '허풍선이'라고 불러요. 북한에서는 이런 사람을 '꽝포쟁이'라고 한답니다. '꽝포'가 거짓말이라는 뜻이거든요. 만약 『허풍선이 남작의 모험』이 북한에서 책으로 나온다면, '꽝포쟁이 남작의 모험'이라는 제목이 붙지 않을까요?

위생실은 어디에 있어요?

북한에서는 화장실을 '위생실'이라고 해요. 휴지나 화장지는 '위생종이', '위생지'라고 부르고요. 생리대도 '위생대'라고 한답니다.

그럼 식당에서 쓰는 냅킨이나 물티슈는 북한 말로 무엇일까요? 냅킨은 '내프킨', '입종이' 또는 '종이수건'이라고 하는데, 종이수건은 수건처럼 입이나 손을 닦을 때 쓰는 종이라고 해서 붙은 이름이에요. 또 물티슈는 '소독 손수건'이나 '1회용 물수건'이라고 한답니다.

야호, 륙일절이다!

　5월 5일은 신나는 어린이날입니다. 북한에서는 '국제아동절'인 6월 1일을 어린이날처럼 기념합니다. 보통 오전에는 예술 공연이, 오후에는 체육 대회가 크게 열리지요. 북한 어린이들은 이날 춤과 노래, 악기 연주 등을 하며 그동안 갈고닦은 실력을 사람들 앞에서 뽐냅니다. 가족들이 모두 모여 공연을 본 뒤에는 나들이를 가거나 맛있는 간식을 먹기도 해요.

　북한 어린이들에게 중요한 날이 또 있어요. 바로 6월 6일, 소년단 창립일이지요. 이날은 소년단 입단식과 함께 성대한 행사가 열린답니다. 국제아동절이 아직 학교에 들어가지 않은 어린이들을 위한 날이라면 소년단 창립일은 만 7세부터 13세까지의 학교에 다니는 어린이들을 위한 날이라고 할 수 있지요.

유희장에서 신나게 놀아요

유희장
놀이공원

평양 시민들이 즐겨 찾는 나들이 장소로, 개선 청년 공원이라는 곳이 있어요. 공원 안에는 '유희장'이 있지요. 유희장은 놀이공원을 이르는 말이랍니다. 개선 청년 공원 유희장은 2010년에 새로운 놀이 기구들을 들여와 관성렬차(롤러코스터), 배그네(바이킹), 급강하탑(자이로 드롭), 궤도회전반(자이로 스핀) 등을 갖추고 있어요. 규모가 그리 크지는 않지만 있을 건 다 있는 신나는 곳이지요. 공원은 저녁 7시부터 11시까지만 열려 있대요.

공원 근처에는 영화관도 있어요. 개선 영화관이라는 곳인데, 총 3개의 관으로 이루어져 있다고 해요. 북한에서 열리는 국제 영화제인 평양 국제영화축전 기간에는 주요 출품작들이 이곳에서 상영되지요.

봄에는 벗꽃 대신 진달래지요

북한에서는 벚꽃을 '벗꽃'으로, 벚나무를 '벗나무'로 써요. 그런데 사실 북한에는 벗나무가 없어요. 벚꽃이 일본의 국화이기 때문에 일제의 잔재를 뿌리 뽑기 위해 모두 없앴다고 해요. 하지만 왕벚나무는 원산지가 제주도이기 때문에 남겨 두었지요.

봄이 되면, 북한 사람들은 벚꽃이 아니라 진달래를 보며 봄 경치를 즐겨요. 또 누군가를 축하하는 자리나 큰 행사가 열리면 반드시 진달래 조화를 놓는다고 합니다.

얼룩잎검정알나무 열매는 까매

바늘잎나무를
모두
찾아봐!

'얼룩잎검정알나무'는 새까만 열매가 작은 알처럼 보이는 쥐똥나무를 가리키는 북한 말이에요. 쥐똥나무나 얼룩잎검정알나무 모두 나무의 특징을 쉽게 짐작할 수 있는 고운 이름들이지요. 또 플라타너스는 동그란 열매 모양이 꼭 방울 같다고 해서 '방울나무'라는 이름이 붙었어요.

북한에서는 나무 종류를 가리킬 때 우리말 이름을 더 많이 써요. 잎이 뾰족뾰족한 침엽수는 '바늘잎나무', 잎이 널찍널찍한 활엽수는 '넓은잎나무', 사철 내내 잎이 초록색인 상록수는 '늘푸른나무'라고 부르지요. 또 나무 나이를 알려 주는 나이테는 '해돌이'라고 한답니다. 해마다 동글동글 쌓이는 나이테, 해돌이. 참 예쁜 말이지요?

별찌가 떨어져요

북 별찌
남 별똥별

'별찌'는 별똥별을 가리키는 순우리말이에요. 우리에게는 거의 잊힌 말이 되었지만, 북한에서는 여전히 별똥별을 별찌라고 부르고 있어요. 별이 되고 남은 찌꺼기란 뜻이지요. 지구에 떨어진 운석은 '별찌돌'이라고 하고요. 가끔 하늘에서는 별똥별이 수없이 많이 떨어지는 우주 쇼가 펼쳐지기도 해요. 북한에서는 이런 광경을 "별찌비가 내린다."라고 말해요. 반짝이는 별들이 비처럼 내리는 광경이 눈앞에 그려지는 것 같은 말이에요.

북한에서는 밤에 별이 잘 보인대요. 그래서 은하수 방향이나 별의 위치를 보고 시간을 어림하기도 해요. 이를 "하늘 시계를 본다."라고 하지요. 북극성처럼 위치를 알려 주는 별은 '길잡이 별'이라고 불러요.

달빛 아래 장마당

북한에도 시장이 있어요. '장마당'이라고 부르지요. 사람들은 직접 만든 떡, 술, 엿, 사탕 등을 장마당에 내다 팔기도 하고, 집에서 쓰던 물건을 가져와 되팔기도 해요. 텃밭에서 기른 농작물이나 배급받은 물건도 시장에 나온답니다. 몰래 들여온 외국 물건들도 있지요.

장마당을 이용하는 사람들이 많다 보니, 매일 시장이 열리고 밤에도 시장이 설 때가 있어요. 낮에 서는 장마당은 '해빛 시장', 밤에 서는 장마당은 '달빛 시장'이라고 해요.

"너무 비싸요!"

시장에 가면 꼭 이런 말을 하게 되죠? 북한 말로는 "돈키가 높다."라고 해요. '돈키'는 돈의 키라는 뜻으로 돈의 크기 혹은 돈으로 치르는 물건값의 크기를 이르는 말이에요. 재미있는 표현이죠? 반대로 싸다는 표현은 "값이 눅다."라고 한답니다.

남새에서 향긋한 냄새가 나요

북 남새
남 채소

'남새'란 잎이나 줄기, 열매를 먹으려고 밭에서 기르는 농작물, 바로 채소를 뜻하는 순우리말이에요. 우리는 채소라는 말을 훨씬 더 많이 쓰지만, 북한에서는 여전히 남새라는 말을 많이 쓰고 있어요. 북한 사람들도 우리처럼 잘 자란 남새를 장마당에 내다 팔기도 해요.

상추, 토마토, 피망, 홍당무, 양파 등 즐겨 먹는 남새는 남북한이 비슷해요. 하지만 이름은 조금씩 다르답니다. 북한에서는 상추를 '부루', 토마토를 '도마도', 피망을 '사자고추', 홍당무를 '홍무'나 '홍당무우'라고 불러요. 양파는 '양파'와 '둥글파' 둘 다 사용한다고 해요.

오징어가 낙지라고?

"다리가 열 개, 바다에서 사는 연체동물은?"

🚩 **북** 낙지

⭐ **답** 오징어

다리가 열 개에 빨판이 있고, 바다에 사는 흐물흐물한 연체동물은 무엇일까요? 오징어요? 하지만 북한 어린이들은 "낙지!"라고 대답할 거예요. 그렇다면 다리가 여덟 개에 머리가 둥근 바다 생물은 무엇일까요? 남북한 어린이 모두 낙지라고 답할 거예요. 그럼 북한에서는 오징어도 낙지고, 낙지도 낙지냐고요? 맞아요!

우리는 갑오징어, 오징어, 낙지를 구분해서 부르지요? 하지만 북한에서는 뼈가 있는 것은 '오징어'로 뼈가 없는 것은 '낙지'로 구분합니다. 그리고 우리가 낙지라고 부르는 것을 따로 '서해낙지'라 부릅니다. 낙지는 뻘 속에 사는데 뻘은 서해에 있으니까요.

북한은 청진 낙지, 남한은 울릉도 오징어가 유명해요. 둘 다 다리가 열 개 달려 있지요.

꼬불꼬불 맛 좋은 즉석국수

1.

2. 뜨거운 물을 붓고

3. 5~6분 정도 기다려요.

4. 완성!

북 즉석국수
남 라면

북한에서는 라면을 '즉석국수'나 '꼬부랑국수'라고 해요. 남한처럼 봉지 라면과 일회용 용기에 담긴 컵라면이 있어요. '봉지 즉석국수', '그릇 즉석국수'라고 하고요. 봉지에 든 즉석국수는 끓는 물에 건더기 스프와 라면 스프, 면을 넣고 4~5분을 더 끓여야 완성되고, 용기에 든 즉석국수는 면과 스프를 넣은 용기에 뜨거운 물을 부은 다음 뚜껑을 덮고 기다리면 돼요. 5~6분 정도 지난 뒤에 뚜껑을 열면, 짜잔! 즉석국수 완성이랍니다.

북한에서는 특별히 맛있는 음식을 맛보게 되면 "꼬부랑 국수는 저리 가라 할 정도."라고 표현한대요. 라면은 북한에서도 사랑받는 먹거리라는 것을 알 수 있지요.

쫀득한 맛이 일품, 퐁퐁이떡

★ 퐁퐁이떡
똣 옥수수뻥튀기 가루로 만든 떡

　'퐁퐁이떡'은 북한 장마당에서 흔히 사 먹을 수 있는 대표적인 길거리 음식이에요. 고소하고 쫀득쫀득해서 우는 아이도 달랜다는 말이 있을 정도로 맛있답니다. '퐁퐁이'라는 이름에 걸맞은 쫀득한 맛의 비결은 바로 옥수수예요. 옥수수뻥튀기 가루를 잘 반죽하기만 하면 퐁퐁이떡을 뚝딱 만들어 낼 수 있어요. 빠르고 간편하게 만들 수 있고 맛이 좋아 북한에서 인기 있는 음식입니다. '퐁퐁떡', '펑펑이떡' 등으로 불리기도 하고요.

　퐁퐁이떡은 반죽해서 바로 먹으면 쫀득한 맛이 일품이랍니다. 조금 딱딱해졌다 싶으면 불에 굽거나 튀겨 먹어도 맛있어요.

떡볶이가 좋아, 물고기떡이 좋아?

남북한 인기 간식 4강전

?

떡볶이

두부밥

떡볶이

밥만두

핫도그

두부밥

물고기떡
어묵

    '물고기떡'이라니, 물고기 모양 떡이 언뜻 떠오르나요? 물고기떡은 어묵을 가리키는 북한 말이에요. 물고기의 살을 갈고 삶아 익혀서 굳힌 음식이라 해서 물고기떡, 또는 고기떡이라 부른답니다. 추운 겨울날, 길거리에서 김이 모락모락 올라오는 어묵을 국물과 곁들여 먹으면 온몸이 따뜻해져요. 하지만 북한에서는 이런 풍경을 볼 수 없답니다. 시장 근처 길거리에서 어묵을 팔기도 하지만 어묵이 길거리 음식은 아니기 때문이에요. 북한에서 어묵은 주로 반찬 재료로 쓰인답니다.

    북한 사람들은 '인조고기밥'을 길거리 음식으로 즐겨 먹어요. 기름을 짜고 남은 콩 찌꺼기를 반죽해서 만든 인조고기는 넓적한 어묵과 무척 비슷하게 생겼답니다. 얇은 두부를 반으로 갈라 기름에 튀긴 후 밥을 넣은 '두부밥', 만두피 안에 밥을 넣은 '밥만두'도 북한 사람들이 무척 좋아하는 간식이에요.

가는밸과 굵은밸

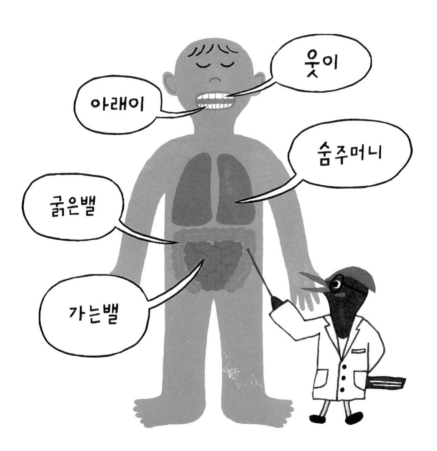

★ 뱉 밸

★ 밥 창자

　'밸'이라니, 딸랑딸랑 소리가 나는 종을 뜻하는 말일까요? '밸' 은 창자를 뜻하는 순우리말인 '배알'의 준말이에요. "밸이 뒤틀 리다."처럼 쓰이곤 하지요. 북한에서는 우리 몸속 '창자' 또는 '장'을 이를 때 이 말을 쓰고 있어요. '가는밸'은 작은창자인 소 장, '굵은밸'은 큰창자인 대장을 가리키지요.

　이렇게 우리 몸의 기관을 가리키는 북한 말 가운데에는 남한 에서 쓰는 말과 조금씩 다른 말이 있어요. 윗니와 아랫니는 '웃 이', '아래이'라고 하고 폐는 '숨주머니'라고 부르지요.

가시어머니, 절 받으세요

북 가시어머니
남 장모님

　'가시버시'란 부부를 부르는 말이에요. '가시'는 아내, '버시'
는 남편을 뜻하지요. 장모님은 '가시어머니', 장인어른은 '가시
아버지'라고 하고요.

　그렇다면 부부가 된 두 사람은 서로를 어떻게 부를까요? 아내
는 남편을 '세대주' 또는 '바깥량반'이라고 부르고, 남편은 아내
를 '안해'라고 부릅니다. 또 서로를 '동무'라고 부르기도 하지
요. 나이 차이가 많이 나는 경우에는 동무 대신 '동지'라는 호칭
을 쓰기도 해요. 하지만 요즘은 젊은 부부들은 '여보', '당신'이
라고 서로 부르기도 합니다. 남북한이 비슷하지요?

썰렁해요

북 썰렁하다
남 썰렁하다

　남북한이 똑같은 의미로 쓰는 표현들도 많아요. "썰렁해요."
라는 표현도 그중 하나랍니다. 친구의 이야기나 우스갯소리가
너무 재미가 없어 어색해질 때, 남북한 모두 "썰렁해!"라고 말
해요.

　다르게 쓰이는 표현이지만, 느낌으로 '아, 이 뜻이구나' 하고
알아차릴 수 있는 말들도 많아요. '사내싸다'는 남자답고 사내
답다는 표현이고, '오돌차다'는 야무지다는 뜻이랍니다. '도덕
없다'는 말은 무례하거나 예의 없이 건방진 행동을 일컫는 말이
고요.

3

말모이 셋.

따로 또 같이

소학교의 하루

소학교 수업은 보통 8시에 시작해요. 수업 시작 전까지는 그 날 신문에 실린 주요 내용을 읽는데, 이 시간을 '독보 시간'이라 불러요. 수업 시간은 '상학 시간'이라고 하고요. 보통 45분 동안 배우고 10분을 쉬어요.

3교시와 4교시 사이에는 20분간 '업간체조'를 해요. 업간체조 시간에는 모두 운동장에 모여 태권도나 율동 등을 합니다.

점심시간은 1시간 30분이나 돼요. 학교에서 급식을 하지 않기 때문에 집에 가서 점심을 먹고 다시 학교로 모입니다. 점심시간에는 낮잠도 잘 수 있어요.

수업은 끝났지만, 공부는 아직 끝나지 않았어요. '소조활동'이 기다리고 있거든요. 앞에서 살펴본 것처럼 북한 어린이들은 방과 후에 학교나 소년궁전, 소년회관에서 음악이나 체육 등 여러 가지 특별 활동을 해요.

드디어 소년단에 입단했어

조선소년단
북한의 어린이 단체

　붉은넥타이를 두르고 가슴에는 배지를 단 채 질서 정연하게 움직이는 북한 어린이들을 텔레비전이나 신문에서 본 적 있지 않나요? 바로 '조선소년단'의 모습이랍니다. 북한 어린이들은 누구나 의무적으로 소년단에 가입해 조직 생활을 배워야 해요.

　소학교 2학년이 되면 소년단에 입단할 수 있어요. 입단식에서는 각 지역의 간부들과 학교 '책임일군'들이 나와서 학생들에게 붉은넥타이를 둘러 준답니다. 북한에서는 일정한 부문에서 책임을 맡은 사람을 책임일군이라고 해요. 여러 사람이 참석하는 것에서도 알 수 있듯 입단식은 어린이들에게 매우 중요한 행사이지요. 그래서 입단식은 온 가족이 함께 참석한 가운데 성대하게 치러져요. 소년단원들은 체육 활동을 하거나 집에서 쉴 때를 제외하고는 붉은넥타이를 언제나 두르고 다녀야 해요.

난 두 줄 두 알이야!

★ 두 줄 두 알
뜻 학급 반장을 표시하는 계급장

소년단은 아주 체계적인 조직이에요. 소년단에 입단하게 되면 학생들은 학교 소년단 위원장, 소년단 부위원장, 소년단 위원, 학급 분단 위원장, 학급 반장 등 각자 역할을 맡게 돼요. 소년단 위원장은 전교 회장과 비슷한데, 한 학교의 모든 소년단 조직을 책임지는 자리예요.

이렇게 많은 역할들에는 각각 계급이 있어요. 계급장에는 빨간색 줄과 별로 계급이 표시되어 있지요. 줄과 별이 많을수록 높은 계급에 속해요. 학급 반장은 빨간 줄이 두 줄, 별이 두 개이고, 소년단 위원장은 빨간 줄이 세 줄, 별이 세 개랍니다. 학생들은 이런 계급 표시를 '두 줄 두 알', '세 줄 세 알'이라고 줄여 부르곤 해요.

토요일은 호상비판의 날

뾱 호상비판
똘 상호 비판

　북한 학생들은 토요일에도 학교에 가요. 토요일 아침마다 생활을 돌아보며 반성하고 비판하는 시간인 '생활총화'가 열리는데 이때 '호상비판'과 '자아비판'을 해야 합니다.

　'호상'은 '서로'라는 뜻이에요. 호상비판 시간은 서로서로 비판하는 시간인 셈이지요. 친구의 잘못을 이야기하고 각자 반성을 하는데, 보통 지각이나 결석을 많이 하는 친구들이 호상비판을 받아요. 반대로, 자아비판 시간에는 스스로 자기 잘못을 이야기하고 뉘우쳐야 해요. 친구의 잘못을 들추고 나의 잘못을 이야기하는 토요일이 조금 불편할 것도 같아요.

　생활총화는 직장이나 마을 등 공동체라면 어디에서든 이루어져요. 북한 주민이라면 누구나, 토요일에는 반성과 비판의 시간을 보내야 한답니다.

모서리주기 하지 말라요

★ 모서리주기
★ 집단 따돌림

　북한에도 왕따 문제가 있어요. 북한 어린이들 사이에서는 한 친구를 단체로 따돌릴 때 '모서리주기'를 한다고 표현해요. 왜 모서리일까요? 친구들과 어울려 놀지 못하고 혼자 구석에 있다는 뜻도 있지만, 교실 모서리에서 벌을 받는다는 뜻도 있어요.

　북한에서는 단체 생활이 중요해요. 학교생활을 할 때에도 친구들끼리 조를 이루어 단체로 활동을 하지요. 그런데 자꾸 지각을 하거나, 공부를 따라가지 못하거나, 학교에 내야 하는 과제를 제대로 내지 못하는 친구가 있다면 어떨까요? 선생님에게도 자주 야단을 맞고, 같은 조에 있는 친구들에게는 모서리 취급을 당하기도 할 거예요. 이런 학생들 가운데는 생활 형편이 좋지 못한 친구들이 많다고 해요. 호상비판을 할 때도 모서리 취급을 당하는 친구들이 호되게 비판받는 경우가 많고요.

이쏘기 때문에 끙끙

이쏘기

털빠짐증

망각증 ?

쪽머리아픔

배아픔

북 이쏘기
남 치통

    몸이 아플 때 쓰는 표현을 알아볼까요? 몸의 통증을 표현하는 북한 말 중에는 우리와 다른 것이 많은데, 특히 북한의 의학 용어는 아픈 부위와 증상을 쉽게 풀어서 쓴 것이 특징이에요.

    치통은 '이쏘기', 복통은 '배아픔', 요통은 '허리아픔', 편두통은 '쪽머리아픔', 생리통은 '달거리아픔'이라고 해요. 통증을 아픔이란 말로 쓰고 아픈 신체 부위 이름을 넣지요. 우울증은 '슬픔증', 탈모는 '털빠짐증', 건망증은 '망각증'이라고 한답니다.

일없습니다

‘일없습니다’는 북한 사람들이 아주 많이 쓰는 말이에요. 보통은 ‘괜찮습니다’라는 뜻이지만 상황에 따라 조금씩 의미가 달라지기도 합니다.

왼쪽의 그림을 같이 볼까요? 첫 번째 상황에서 ‘일없습니다’는 숙제가 많지만 괜찮다는 뜻이에요. 두 번째 상황에서는 필요 없거나 싫다는 의미이고요. 그렇다면 아래 상황에서는 ‘일없습니다’가 어떤 의미일까요?

정답 ★ 괜찮아요, 들어오세요.

참기가 좀 바빠서… 이만

☆ 바쁘다
뜻 딴 겨를이 없다, 참기 어렵다

    같은 말인데 남한과 북한에서 서로 다른 의미로 쓰이는 말들이 있어요. '바쁘다'는 일이 많거나 서둘러서 해야 할 일로 인해 딴 겨를이 없다는 뜻이에요. 그런데 북한에서는 이에 더해 힘에 부치거나 참기 어렵다는 의미로도 바쁘다는 말을 써요.

    '안됐다'는 표현 역시 이와 비슷해요. 상대방의 처지가 가엾어 위로할 때 주로 쓰는 표현인데, 북한에서는 미안한 마음을 표현할 때도 쓴다고 해요. 마음이 언짢거나, 상대방을 불편하게 해서 미안할 때 "안됐습니다."라고 하지요.

최우등생의 벗, 꼭 풀어 보라

최우등생의 벗
수학 참고서

북한 학생들은 수업 시간에 어떤 과목을 배울까요? 우리와 비슷한 과목도 있고, 다른 과목도 있어요.

소학교 1학년, 2학년 학생들은 국어, 수학, 체육, '음악무용' 등과 함께 김일성 주석과 김정일 국방위원장의 어린 시절을 다룬 과목도 배워야 해요. '도화공작'이라는 과목도 있는데 우리의 미술 과목과 비슷해요. '자연'이라는 과목은 우리의 과학 과목과 비슷하고요. 4학년 때부터는 영어와 '정보기술'도 배우기 시작한답니다. 정보기술 수업 시간에는 주로 컴퓨터를 배웁니다. 교과서 외에 참고서도 있어요. 『최우등생의 벗』은 북한 소학교 학생들이 수학 공부를 할 때 보는 수학 참고서랍니다.

사탕가루를 준비하자요

북한 어린이들은 소학교에서 '자연' 과목을 배워요. 우리가 배우는 과학과 비슷하답니다. 왼쪽 그림을 함께 보며 자연 교과서 속으로 들어가 볼까요?

'물을 알아보자요'는 물의 다양한 성질을 알려 주는 단원이에요. '사탕가루'를 찬물과 더운물에 각각 한 숟가락씩 넣고 어느 쪽이 더 잘 녹는지 알아보는 실험이에요. '사탕가루'란 말이 눈에 띄지요? 북한에서는 설탕을 사탕가루라고 해요. "무엇을 준비해야 할가요?"에서 '할까요'를 '할가요'로, '컵'을 '고뿌'로, '젓가락'을 '저가락'이라고 표기한 것도 우리의 표기와는 다른 부분입니다. 설탕이 찬물과 더운물 중 어디에서 더 잘 녹는지 우리도 한번 실험해 볼까요?

북쪽이 어디일까, 지북침을 볼까?

북 지북침
남 나침판

북한에서는 나침판을 '지북침'이라고 불러요. 항상 북쪽을 가리키는 바늘이라는 뜻이지요. 북한의 자연 교과서를 보면 처음 보는 과학 용어들을 많이 발견할 수 있어요. 압력은 '누름힘', 탄성은 '튐성'이라고 해요. 녹는다는 표현은 '풀린다'라고 쓰고요. 조금 어색하지만 익숙한 과학 용어와 나란히 놓고 보니 쉽게 이해할 수 있지요?

북한에선 조선화가 으뜸이지

북 조선화
똑 북한 동양화

　조선 시대의 그림을 뜻하는 말처럼 들릴 수도 있지만 '조선화'는 북한 고유의 동양화를 이르는 말이에요. 북한은 수묵 채색화 기법을 기본으로 북한만의 독특한 미술 세계를 발전시켜 왔어요. 그래서 어디에서도 볼 수 없는 개성 있고 수준 높은 조선화 작품들이 많이 탄생했답니다.

　조선화는 소학교 도화공작 교과서에도 많이 실려 있어요. 북한의 문화와 북한 사람들의 삶이 고스란히 담겨 있는 조선화 작품을 언젠가 우리도 마음껏 감상하게 될 날이 오겠죠?

도레미화쏠라씨도, 노래 불러요

북한에서는 음악과 무용을 한 과목으로 삼고 함께 가르쳐요. 노래 한 곡을 배우면 그에 맞는 무용 동작까지 함께 배우게 되지요. 음악 관련 용어들도 우리와는 사뭇 다르답니다. 도레미파솔라시도는 '도레미화쏠라씨도'로, 높은음자리표는 '쏠음표'로, 낮은음자리표는 '낮은표'로 쓰지요. 또 어떤 이름들이 다른지 자세히 알아봐요.

· 수자악보 숫자 악보   · 소리표 음표   · 옹근소리표 온음표
· 돌이 옥타브   · 대조 장조   · 소조 단조
· 력점 악센트   · 양산도장단 세마치장단

아동영화 할 시간이다!

북한에서는 애니메이션을 '아동영화'라고 부른대요. 애니메이션으로 만들어진 영상 대부분이 어린이들을 위한 영화이기 때문이에요.

우리가 재미있는 애니메이션을 보듯, 북한 어린이들도 아동영화를 봐요. 그중 제일 유명한 작품이 바로 「령리한 너구리」예요. 똑똑한 너구리가 과학이나 수학 실력을 발휘해 위기를 헤쳐나가는 내용이지요! 그래서일까요? 북한에서는 똑똑하다고 칭찬할 때 "너 참 너구리 같구나."라고 한대요. 소학교 교과서에도 너구리 캐릭터가 자주 등장하지요.

북한의 애니메이션 기술은 놀라운 수준이랍니다. 어린이들이 좋아하는 애니메이션 「뽀롱뽀롱 뽀로로」의 시즌 1, 2는 2002년에서 2006년 사이 남한과 북한의 회사가 함께 만든 작품이에요. 시즌 1, 2의 104편 중 20편을 북한과 함께 작업했다고 합니다.

내 패기머리 어때?

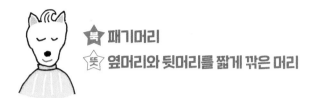

☆ 패기머리
☆ 옆머리와 뒷머리를 짧게 깎은 머리

북한 사람들은 머리를 할 때 국가에서 정한 머리 모양을 따라야 한다고 해요. 그래서 북한 미용실에는 남성별, 여성별로 정해진 머리 모양을 볼 수 있는 액자가 걸려 있답니다. 또 나이에 따라 사회에 진출한 여성은 긴 머리, 대학생은 단발머리 등으로 바람직한 머리단장 기준이 세워져 있기도 해요.

요즘 북한 남성들 사이에서는 패기머리가 가장 유행하고 있어요. 옆머리를 짧게 자르고 앞머리와 윗머리를 길게 유지하는 머리 모양이지요. 김정은 국무위원장의 머리가 바로 패기머리랍니다.

아랍 추장국에는 추장이 있을까?

북한에서는 아랍 에미리트를 '아랍 추장국'이라 불러요. 아랍 에미리트는 각각 통치자가 따로 있는 일곱 지역이 연방을 결성해 만들어진 나라이기 때문이에요. 에미리트라는 단어를 우리말로 풀어 쓴 셈이지요. 어색하지만 귀에 쏙쏙 박히는 이름이지요?

북한에서는 세계 여러 나라의 이름을 우리와는 다른 방식으로 정했어요. 주로 러시아어 발음이나 해당 국가어의 발음을 기준으로 삼았기 때문에 언뜻 들어서는 어느 나라를 말하는지 알기 힘든 경우도 있답니다. 왼쪽 그림을 보면 비슷하지만 다른 이름들을 확인할 수 있어요.

예술체조 선수가 될 거야

리듬 체조 경기는 리본이나 후프를 이용해 아름답게 몸을 움직이는 체조예요. 북한은 리듬 체조 강국이기도 하지요. 그런데 북한에서는 리듬 체조라는 말 대신 '예술체조'라는 말을 써요. 또 곤봉과 공은 우리와 명칭이 같지만 리본, 후프, 줄이라는 말은 쓰지 않는답니다. 리본은 '댕기', 후프는 '륜', 줄은 '뜀줄'이라고 부르지요.

이렇게 북한과 남한은 스포츠 경기에서 쓰는 말이 많이 달라요. 동계 올림픽의 꽃이라 불리는 피겨 스케이팅 또한 북한에서는 '휘거'라고 부른답니다. 얼음판 위를 새처럼 날아오르는 점프 기술은 '조약'이라고 하고요.

문지기가 막아 낼 수 있을까?

북한 사람들도 축구를 아주 좋아해요. 그런데 축구 용어에는 외래어가 많지요. 골키퍼, 패스, 골, 페널티 킥, 드리블, 슛……. 대부분 영어 발음을 우리말로 그대로 옮겨 쓴 단어들이에요. 하지만 북한에서는 이런 축구 용어들도 되도록 우리말로 바꾸어 쓰고 있어요.

골문을 지키는 골키퍼는 '문지기', 공을 몰고 가는 드리블은 '몰기', 슛은 '차넣기'……. 금방 이해할 수 있지요? 그런데 쉽게 알아차릴 수 없는 말들도 있지요. '긴련락'은 무엇을 뜻하는 말일까요? 바로 롱 패스예요. 북한에서는 패스를 '련락'이라고 표현하거든요. 그리고 '벌차기'는 무엇일까요? 상대방의 파울로 얻어 낸 프리 킥을 뜻한답니다. 그럼 '십일메터벌차기'란 무엇일까요? 바로 골대 가운데 지점에서 11미터 떨어진 곳에 공을 놓고 차는 페널티 킥이랍니다.

전동차를 타고 어디로 가시렵니까

퀵 전동차

답 지하철

평양에도 서울처럼 지하철이 있어요. 심지어 개통은 서울의 지하철보다 일 년 빨랐답니다. '전동차' 또는 '지하철도'라고 불리는 평양 지하철은 한때 세계에서 가장 좋은 지하철 10위 안에 들었을 정도로 시설이 좋은 편이에요. 두 개 노선으로 운행되어 노선도가 복잡하지 않아요. 노약자석도 따로 마련되어 있고요. 재미있는 건, 부흥, 영광, 승리, 개선 등으로 지어진 역 이름이에요. 지역 이름이 아니기 때문에 잘 알아보지 않고 무작정 전동차를 탔다가는 어느 역에서 내려야 할지 몰라 허둥댈지도 몰라요!

첫날옷 입는 날

북 첫날옷
똥 결혼식 날 신부가 입는 옷

'첫날옷'은 웨딩드레스처럼 결혼식 날 신부가 입는 옷을 가리키는 북한 말이에요. 첫날옷은 주로 한복인데, 웨딩드레스처럼 화려하답니다. 북한의 결혼 문화는 남한과 조금 달라요. 결혼식 날이 되면 신랑 신부는 가장 먼저 김일성 주석과 김정일 국방위원장의 동상 앞으로 가거나, 북한의 국립묘지라고 할 수 있는 혁명열사릉을 찾아가 참배를 해요. 결혼뿐 아니라 집안에 좋은 일이 생기면, 북한 사람들은 우선 애국 열사들을 참배하며 고마움을 표현한다고 해요.

참배를 마치면 신랑 신부는 친구들과 함께 시내 곳곳을 돌아다니며 기념 촬영을 해요. 결혼식은 주로 집에서 하지만 식당을 빌려서 하기도 하고요.

북한에서도 결혼식은 무척 중요한 행사예요. 꽃이 피는 5월은 북한에서도 결혼식이 가장 많이 열리는 달이랍니다.

가마솥 밑이 노구솥 밑을 검다 하네

북 가마솥 밑이 노구솥 밑을 검다 한다

남 똥 묻은 개가 겨 묻은 개 나무란다

'노구솥'이란, 놋쇠나 구리쇠로 만든 작은 솥을 뜻해요. 그런데 새까만 가마솥이 노구솥을 보고 검다고 놀리다니요? 우리가 잘 아는 속담 하나가 떠오르지 않나요? "똥 묻은 개가 겨 묻은 개 나무란다." 맞아요. 큰 흠이 있는 쪽이 다른 이의 작은 흠을 흉본다는 뜻이지요. "가마솥 밑이 노구솥 밑을 검다 한다."라는 속담은 우리 국어사전에도 올라 있지만 북한에서 더 많이 쓰인다고 해요. 이렇게 남북한의 속담은 표현은 조금 달라도 뜻이 비슷한 것이 많아요.

·구운 게도 다리를 떼고 먹어라.	돌다리도 두들겨 보고 건너라.
·개미가 정자나무 건드린다.	하룻강아지 범 무서운 줄 모른다.
·고인물도 밟으면 솟구친다.	지렁이도 밟으면 꿈틀한다.
·범보고 애 보라고 한다.	고양이한테 생선을 맡기다.

섯!

북 섯

남 정지

북한에서는 표지판을 '표식판'이라고 해요. 북한 교통 표식판들을 자세히 살펴보면 간단하고 명료한 우리말 표현들이 많답니다. 정지는 '섯', 주차는 '둠'으로 써요. 군더더기 없이 짧은 한마디 말이지만, 누구나 쉽게 이해할 수 있겠죠?

자동차와 관련된 북한 말들 가운데 우리가 쓰는 말과 다른 말들을 살펴볼게요. 우리말을 살려 써 재미있고 이해하기 쉽다는 공통점이 있지요.

·차마당 주차장　　·차멎기 정차　　·걸음길 보도
·사귐길 교차로　　·건늠길 건널목

한눈에 보는 남북한 말모이

1부

남한 말/뜻	북한 말
가위바위보	돌가위보, 가위주먹
거위	게사니
계란, 달걀	닭알
계란덮밥	닭알쌈밥
계란말이	닭알말이
계란찜	닭알두부, 닭알공기찜
계산	쨈
까꿍하다	깨꼬하다
내일	래일
눈송이	눈꼬치
단비	꿀비
단짝, 짝꿍	딱친구
닭싸움	무릎싸움
당나귀	하늘소
도넛	가락지빵

남한 말/뜻	북한 말
등호(=)	같기표
부등호(<, >)	안같기기호
빗방울	비꼬치
빼기(-)	덜기
삶은 계란	돌알
선생님	교원
수탉	수닭
술래	범
숨바꼭질	아바이 놀이
아이스크림	에스키모
암탉	암닭
어흥	따웅
여우비	해비
와플	구운빵지짐
입학일	새 학년 개막일
제비꽃	씨름꽃
채송화	따꽃
초콜릿	쵸콜레트
친구	동무

남한 말/뜻	북한 말
카스텔라	설기빵
코뿔소	서우
판다	참대곰
폭우	뚝비
피자	삐짜
하마	물말
함박꽃	목란꽃
햄버거	고기겹빵

2부

남한 말/뜻	북한 말
갑오징어	오징어
값이 비싸다	돈키가 높다
값이 싸다	값이 눅다
거짓말	꽝포
나이테	해돌이
남편	세대주, 바깥량반
냅킨	내프킨, 종이수건, 입종이
놀이공원	유희장
대장	굵은밸
라면	즉석국수, 꼬부랑국수
롤러코스터	관성렬차
물티슈	소독 손수건, 1회용 물수건
바이킹	배그네
방과 후 교육 기관	학생소년궁전, 소년궁전
방과 후 활동	소조활동
벚꽃	벗꽃
벚나무	벗나무
별똥별	별찌

남한 말/뜻	북한 말
북극성	길잡이별
상추	부루
생리대	위생대
서해낙지	낙지
성적표	성적증
소장	가는밸
시장	장마당
아내	안해
아랫니	아래이
양파	둥글파, 양파
어린이날	국제아동절, 륙일절
어묵	물고기떡, 고기떡
오징어	낙지
옥수수뻥튀기 가루로 만든 떡	퐁퐁이떡
운석	별찌돌
윗니	웃이
자이로 드롭	급강하탑
자이로 스핀	궤도회전반
장모님	가시어머니

남한 말/뜻	북한 말
장인어른	가시아버지
쥐똥나무	얼룩잎검정알나무
채소	남새
토마토	도마도
폐	숨주머니
플라타너스	방울나무
피망	사자고추
허풍선이	꽝포쟁이
홍당무	홍무, 홍당무우
화장실	위생실
화장지, 휴지	위생종이, 위생지

남한 말/뜻	북한 말
건널목	건늠길
건망증	망각증
결혼식 날 신부가 입는 옷	첫날옷
골키퍼	문지기
괜찮다	일없다
교차로	사귐길
나침판	지북침
낮은음자리표	낮은표
높은음자리표	쏠음표
단조	소조
도레미파솔라시도	도레미화쏠라씨도
드리블	몰기
딴 겨를이 없다, 참기 어렵다	바쁘다
롱 패스	긴련락
리듬 체조	예술체조
리본	댕기
멕시코	메히꼬
보도	걸음길

남한 말/뜻	북한 말
복통	배아픔
북한 동양화	조선화
북한의 어린이 단체	조선소년단
상호 비판	호상비판
생리통	달거리아픔
설탕	사탕가루
세마치장단	양산도장단
수업 시간	상학 시간
숫자 악보	수자악보
숏	차넣기
아랍 에미리트	아랍 추장국
악센트	력점
애니메이션, 만화 영화	아동영화
옥타브	돌이
온음표	옹근소리표
요통	허리아픔
우울증	슬픔증
음표	소리표
이집트	에짚트

남한 말/뜻	북한 말
장조	대조
점프	조약
젓가락	저가락
정지	섯
정차	차멎기
주차	둠
주차장	차마당
줄	뜀줄
지하철	전동차, 지하철도
집단 따돌림, 왕따	모서리주기
초등학교	소학교
치통	이쏘기
컵	고뿌
탈모	털빠짐증
터키	뛰르끼예
패스	련락
페널티 킥	십일메터벌차기
편두통	쪽머리아픔
표지판	표식판

남한 말/뜻	북한 말
프리 킥	벌차기
피겨 스케이팅	휘거
학급 반장을 표시하는 계급장	두 줄 두 알
헝가리	마쟈르
후프	륜

출처 및 참고 문헌

본문 그림 및 자료의 출처

16쪽 그림	『국어 소학교 2』, 교육도서출판사, 2014, 43쪽 참고
22쪽 그림	『수학 소학교 1』, 교육도서출판사, 2013, 36쪽 참고
24쪽 「깨꼬해요」	「통일을 부른다. 하나 된 우리 동요」, 『국민리포트』, KTV 국민방송, 2019년 4월 25일 자 방송
42쪽 그림	조선우표사가 발행한 2020년 우편엽서 참고
48쪽 「5점꽃 자랑」	『국어 소학교 1』, 교육도서출판사, 2013, 161쪽
100쪽 그림	『최우등생의 벗 소학교 4』, 교육도서출판사, 2011, 표지 참고
102쪽 그림	『자연 소학교 3』, 교육도서출판사, 2014, 15쪽 참고
108쪽 그림	『음악무용 소학교 3』, 교육도서출판사, 2014, 8쪽 참고
120쪽 그림 속 전동차 노선도 사진	겨레말큰사전남북공동편찬사업회 제공

참고 문헌

겨레말큰사전남북공동편찬사업회, 『한눈에 들어오는 남북 생활 용어 2』, 맵씨터, 2019

양영철, 『남북한 언어 탐구생활』, 지식의 숲, 2018

전철, 『문학 애호가들을 위한 우리말 어휘집 (3)』, 조선출판물수출입사, 2018

정태순, 『문학 애호가들을 위한 우리말 어휘집 (2)』, 조선출판물수출입사, 2017

통일부 통일교육원, 『2019 북한 이해』, 통일부 통일교육원, 2019

기타

겨레말큰사전남북공동편찬사업회 누리집 www.gyeoremal.or.kr

우리말샘 누리집 opendic.korean.go.kr

통일부 공식 블로그 blog.naver.com/gounikorea

통일부 통일교육원 누리집 www.uniedu.go.kr

남북한 어린이 말모이

초판 1쇄 발행 • 2020년 7월 30일
초판 4쇄 발행 • 2022년 5월 23일

기획 • 겨레말큰사전남북공동편찬사업회
글 • 정도상 장효진
그림 • 허지영
감수 • 겨레말큰사전남북공동편찬사업회 연구기획팀장 김미경
펴낸이 • 강일우
편집 • 서영희 최은영
펴낸곳 • (주)창비교육
등록 • 2014년 6월 20일 제2014-000183호
제조국 • 대한민국
주소 • 04004 서울특별시 마포구 월드컵로12길 7
전화 • 1833-7247
팩스 • 영업 070-4838-4938 / 편집 02-6949-0953
홈페이지 • www.changbiedu.com
전자우편 • textbook@changbi.com

ⓒ 정도상 장효진 허지영 2020
ISBN 979-11-6570-005-8 71300